VILLE

DE

SAINT-GERMAIN EN LAYE

14 Septembre 1870

14 Avril 1871

VILLE DE SAINT-GERMAIN EN LAYE

14 Septembre 1870 — 14 Avril 1871

Le 15 septembre 1870 on lisait sur les murs de Saint-Germain l'affiche suivante :

RÉPUBLIQUE FRANÇAISE

VILLE DE SAINT-GERMAIN EN LAYE

LA COMMISSION MUNICIPALE AUX HABITANTS

« Citoyens,

» Au milieu des cruelles épreuves que subit la Patrie, M. le
» Préfet nous a désignés pour administrer provisoirement les
» affaires de la Ville. Si nous pensons que notre devoir est d'accepter
» le mandat qui nous est confié, nous sommes en même temps
» convaincus qu'il nous sera moins difficile à remplir, grâce à
» votre patriotisme.
» Et bientôt, nous l'espérons, lorsque des temps meilleurs seront
» revenus, nous remettrons nos pouvoirs entre les mains des
» Citoyens que vos suffrages nous auront donnés pour succes-
» seurs.

» Les membres de la Commission municipale :

» CHORET, PECTOR, ÉVRARD DE SAINT-JEAN,
» RAPIN, DE NÉZOT, VAUCANU, MOISSON,
» LEGRAND, CAREL. »

Aujourd'hui, en vertu de la loi du 14 avril 1871, la Commission municipale, installée dans un moment de crise, doit faire place à un Conseil municipal régulièrement élu. Les membres de cette Commission ont pensé qu'ils devaient rendre compte à leurs concitoyens de la ligne de conduite qu'ils ont cru devoir suivre en remplissant les fonctions que la gravité des circonstances leur avait imposées. Ils eussent peut-être gardé le silence si tous avaient occupé leur poste en vertu des suffrages de la population, mais il a suffi que quelques-uns d'entre eux aient dû leur nomination à la volonté seule du Préfet de Seine-et-Oise, pour qu'ils aient considéré tous comme un devoir de rendre compte de leurs actes en remettant la direction des affaires de la Ville entre les mains de leurs successeurs. Ils pensent d'ailleurs que toute administration municipale, à l'expiration de son mandat, devrait toujours agir de cette manière, quelles que soient les circonstances.

On aurait tort de voir, dans ce qui va suivre, autre chose que le récit des faits principaux qui se sont accomplis dans notre Ville depuis le 14 septembre dernier. Un grand nombre d'entre eux sont imparfaitement connus. Il a paru nécessaire de les faire connaître tout à fait.

ORIGINE DE LA COMMISSION MUNICIPALE

L'Empire, écroulé le 4 septembre, avait fait place à la République, laissant à celle-ci le sanglant héritage des effroyables calamités qu'il avait attirées sur la France. Presque toutes les communes du département de Seine-et-Oise avaient envoyé leur adhésion au Gouvernement républicain. La Municipalité de Saint-Germain avait cependant gardé le silence. Aussi le nouveau Préfet, M. Édouard Charton, avait-il été obligé d'écrire au Maire de Saint-Germain la lettre que nous copions ci-dessous :

Versailles, 10 septembre 1870.

« Monsieur le Maire,

» Je vous prie de m'informer, par dépêche immédiate, de l'état moral et de la situation matérielle de votre commune.

» On m'assure que ma proclamation n'a pas été affichée à Saint-Germain, et qu'il n'y a été fait aucun acte d'adhésion au Gouvernement actuel.

» Nous avons besoin, en ce moment, de beaucoup d'activité et de dévouement, et j'espère que votre réponse me confirmera dans la confiance que je dois avoir en vous.

» *Le Préfet*, ÉD. CHARTON. »

Le Conseil municipal de Saint-Germain, élu au commencement du mois précédent, était convoqué pour le lendemain, 11 septembre. M. de Breuvery, Maire, lui donna lecture de cette lettre, et nous trouvons à ce sujet la mention suivante au procès-verbal de cette séance :

« M. le Maire donne lecture d'une dépêche de M. le Préfet en date d'hier. A l'unanimité le Conseil déclare donner son adhésion au Gouvernement actuel. »

Et c'est seulement le 13 septembre que M. le Maire répondait au Préfet, en lui adressant la lettre ci-dessous que nous copions sur le registre de la correspondance :

Saint-Germain, 13 septembre 1870.

« Monsieur le Préfet,

» J'ai l'honneur de vous adresser l'extrait du procès-verbal de la séance du 10 septembre courant par lequel le Conseil municipal a déclaré, à l'unanimité, donner son adhésion au Gouvernement actuel (1).

» DE BREUVERY. »

(1) C'est par erreur que cette lettre fait mention de la séance du 10 septembre, la séance a eu lieu véritablement le 11.

Ce mutisme de la Municipalité de Saint-Germain, la seconde ville du département, le laconisme de la réponse du Maire, le retard apporté dans son envoi, peut-être aussi d'autres motifs que nous ignorons, ont paru sans doute au Préfet assez peu rassurants au milieu de l'inquiétude générale, pour qu'il jugeât nécessaire d'apporter une modification complète dans l'administration municipale de notre Ville. Toujours est-il que, le soir même, il envoyait à Saint-Germain un délégué chargé de le renseigner sur les membres du Conseil municipal qui pourraient consentir à faire partie de la Commission qu'il voulait installer à sa place.

Tous les Conseillers à qui on proposa cette mission, qu'une invasion imminente indiquait assez devoir être très-dure à remplir, dangereuse même, pensèrent qu'au milieu des malheurs publics on doit laisser de côté toute question d'intérêt personnel, et n'hésitèrent pas à accepter le mandat dont ils avaient le redoutable honneur d'être investis. Le lendemain, 14 septembre, l'un d'eux rapportait de Versailles l'arrêté suivant, préparé sans doute pendant la nuit, à en juger par la date qu'on y trouve inscrite.

« Le Préfet du département de Seine-et-Oise, en raison des circonstances actuelles,

» Arrête :

» Le Conseil municipal de la ville de Saint-Germain en Laye est remplacé par une Commission municipale composée de Messieurs :
» Choret, Pector, Évrard de Saint-Jean, Rapin, de Nézot, Vaucanu, Moisson, Legrand et Carel.
» Cette Commission sera immédiatement installée.

Versailles, 13 septembre 1870.

» *Le Préfet*, Éd. Charton. »

La nouvelle Commission entra de suite en fonctions, elle rédigea l'affiche que nous avons copiée au commencement de notre préambule, elle choisit pour son Président provisoire M. Évrard de Saint-Jean, son doyen d'âge, avec MM. Rapin et Choret pour assesseurs. M. Moisson fut nommé secrétaire, et chargé en outre de remplir les fonctions d'officier de l'État civil.

Avis fut donné par le Président au secrétaire de la Mairie qu'aucun changement n'était apporté dans le personnel de l'administration, mais que la Commission municipale comptait plus que jamais, en raison des événements dont on était menacé, sur le zèle et la bonne volonté de chacun des employés.

Dès le début, le petit nombre des membres composant la Commission municipale se trouva diminué par la démission de M. Vaucanu qui quittait la ville le jour même et par le séjour forcé de M. Pector à Paris, où le retenaient ses fonctions d'officier d'état-major dans la Garde nationale. Aussi le 14 septembre, la Commission municipale dut prier M. le Préfet de la compléter en lui adjoignant neuf membres nouveaux. Le lendemain elle recevait l'arrêté préfectoral ci-dessous :

« Vu son arrêté du 13 septembre 1870 nommant une Commission municipale pour la ville de Saint-Germain en Laye ;

» Vu la loi du 5 mai 1855 ;

» Considérant qu'il y a nécessité de compléter cette Commission ;

» Arrête :

» Art. 1er. — Sont nommés membres de la Commission municipale de Saint-Germain en Laye MM. : Lamare fils, docteur-médecin, — Salet, docteur-médecin, — Cagnard, lieutenant de la Garde nationale, — Delarbre, ancien conseiller municipal, — de Mortillet, président du Comité des ambulances internationales, — Drouin, commandant de la garde nationale, — de Rambey, ancien conseiller municipal, — Coste, ancien conseiller municipal — et Mayer, vice-président de la Société philadelphique.

» Art. 2. — Expédition du présent arrêté sera adressée au Pré-
» sident de la Commission municipale chargé de l'exécution.
» Fait à Versailles, le 15 septembre 1870.

» *Le Préfet de Seine-et-Oise,*
» Éd. Charton. »

La Commission municipale pouvait dès lors fonctionner de façon à faire face à tous les besoins du service.

Qu'il nous soit permis de faire remarquer comment était composée la Commission municipale nommée par les deux arrêtés du 13 et du 15 septembre 1870 :

MM. Choret,
Pector,
Évrard de Saint-Jean,
Rapin,
De Nézot,
Vaucanu,
Moisson,
Legrand,
Carel,
De Rambey,
Drouin.

Étaient tous membres du Conseil municipal élu au mois d'août 1870.

MM. Coste,
Delarbre,

Appartenaient à l'ancien Conseil municipal, et se trouvaient depuis longtemps initiés aux affaires de la Ville.

MM. de Mortillet,
Salet,
Lamare,

Étaient attachés au Comité des ambulances internationales, le premier comme Président, les deux autres en qualité de Docteurs.

M. Cagnard était officier de la Garde nationale.

M. Mayer (Gabriel) était Vice-Président de la Société philadelphique, existant depuis quarante ans à Saint-Germain, et renfermant dans son sein une grande partie de la population ouvrière de la Ville.

Nous n'avons pas besoin d'insister davantage pour faire comprendre la pensée qui avait guidé sans doute M. le Préfet dans la composition de la Commission municipale.

Une fois constituée, elle nomma à l'unanimité M. Rapin pour son Président, et, sur son refus, elle conserva M. Évrard de Saint-Jean dans ses fonctions, décidant en outre que le bureau serait renouvelé tous les mois, ce qui eut lieu en effet. Elle se partagea ensuite en Sous-Commissions ayant chacune des attributions en rapport avec les événements dont on était menacé.

Les Prussiens avançaient à grands pas; toutes les routes étaient coupées; mais le départ de la troupe de ligne, des dépôts de cavalerie, de la garde mobile, des gendarmes et des gardes forestiers laissait la Ville abandonnée à elle-même; et, à en juger par la marche des deux armées ennemies, l'une passant au sud de Paris par Versailles, l'autre débouchant par la vallée de l'Oise, c'était à Saint-Germain que devait se faire leur jonction. Pour leur opposer une résistance utile, il eût fallu une armée capable de défendre la ligne de hauteurs qui s'étend du Mont-Valérien jusque vers Mantes, ainsi que le cours de la Seine depuis cette ville jusqu'à Bougival. La résistance contre deux armées fortes chacune de 200,000 hommes environ, était plus qu'impossible avec 1,300 gardes nationaux à peine armés. La Commission municipale pensa, comme le Gouvernement de la Défense nationale, que c'était à Paris que devaient se concentrer les forces capables de lutter utilement. Dans sa séance du 19 septembre, elle engagea les officiers de la Garde nationale, qui s'étaient rendus auprès d'elle, à décider ceux de leurs hommes qui pourraient prendre part au combat, à se rendre de suite à Paris, en leur citant l'exemple des gardes nationaux de Versailles; elle facilita, au moyen d'un subside de 1,200 fr., la formation de la Compagnie de francs-tireurs commandée par M. de Richemont, et, regrettant avec douleur son impuissance à faire davantage pour défendre le pays par la force, elle se résigna à attendre les événements.

OCCUPATION DE LA VILLE PAR LES PRUSSIENS

La ville de Saint-Germain n'oubliera jamais l'arrivée des Prussiens chez elle.

Le 20 septembre, à 7 heures du soir, plusieurs coups de canon sont tirés sur la Ville. Deux obus viennent frapper la caserne vide de soldats, un autre démolit une souche de cheminée dans la rue de l'Aigle-d'Or, et la frayeur tue une malheureuse femme malade de la petite vérole; un quatrième, pénétrant dans l'Église, va s'enfoncer dans la voûte du sanctuaire.

Sans doute la Ville ainsi attaquée a commis un acte d'agression qui exige des représailles?

— Aucun.

— Comment expliquer alors un acte aussi odieux?

— Il n'y a pas d'autre motif à donner que la rapacité prussienne. Il leur faut 100,000 francs, et s'ils ne les ont pas dans une heure, ils brûleront la ville. Tel est leur ultimatum!

Tout le monde sait parmi nous que le feu ne cessa qu'à la condition que deux membres de la Commission municipale se livreraient comme otages. Tout le monde sait que MM. Cagnard, Coste et de Nézot se dévouèrent spontanément pour la Ville, et que les deux premiers partirent avec l'officier. Chacun se souvient de cette nuit du 20 au 21 septembre, employée tout entière à porter à la Mairie les sommes que chacun pouvait donner pour payer la rançon de nos deux concitoyens et, en même temps, celle de la Ville. Mais ce que tout le monde ne sait pas, c'est que le total des sommes versées dans cette nuit néfaste s'éleva au chiffre de 104,524 fr. 50 c. Nous ne saurions trop remercier la population de son généreux empressement. Chacun a donné dans la mesure de ses ressources, et nous n'avons pas pu voir sans être vivement émus les habitants les plus pauvres apporter jusqu'à la somme de 1 fr. en s'excusant de ne pas pouvoir donner davantage.

Pour perpétuer en notre Ville le souvenir de cet acte de brigandage abominable, la Commission municipale a décidé que jamais la trace de l'obus dans le sanctuaire ne serait effacée ! Elle a décidé aussi qu'une inscription commémorative serait gravée dans l'Église.

Notre intention n'a jamais été, en prenant cette décision, de chercher à exciter des sentiments de vengeance, mais nous avons pensé qu'il était utile d'avoir constamment sous les yeux la preuve parlante des humiliations et des désastres que notre malheureux pays a subis, et qu'on ne doit attribuer qu'à notre coupable indifférence. Toutes ces calamités ne seraient pas venues fondre sur notre Patrie, si nous n'étions pas restés, pendant vingt ans, étrangers aux affaires publiques. Ne nous contentons pas de faire des affaires, de connaître la cote de la bourse et le prix des denrées; mais sachons aussi ce que font notre Député, notre Maire, notre Conseil municipale, et changeons-les, s'ils ne remplissent pas leur mandat.

Nous avions appris à quel ennemi nous avions affaire; aussi la Commission municipale s'est-elle bien gardée de dire la somme totale qu'elle avait reçue dans la nuit du 20 au 21 septembre. Elle n'a jamais voulu en avouer que la moitié aux curieux qui la poursuivaient de leurs questions indiscrètes et souvent malveillantes, sans se soucier de faire connaître à l'ennemi la somme que nous possédions et que nous voulions soustraire à sa rapacité.

Ce fut seulement au bout de trois jours que MM. Cagnard et de Nézot nous furent rendus. Mais les 100,000 francs ne sortirent pas de notre caisse, à l'exception de 10,000 francs qui restèrent comme garantie entre les mains du général de Redern. Ajoutons tout de suite que ce général jugea convenable d'emporter plus tard la garantie, sous prétexte qu'un ballon venant de Paris était passé au-dessus de la Ville, en y laissant tomber des dépêches. Nous n'avons jamais vu ces dépêches, et nous n'avons pas revu davantage nos 10,000 francs.

C'est le 21 septembre que le général dont nous venons de parler arriva dans notre Ville à la tête de deux régiments de hussards. Il se rendit à la Mairie, fut mis au courant de ce qui s'était passé dans la nuit, voulut bien en paraître indigné, promit son intervention (1), et termina en exigeant de nous le logement et la nourriture de ses soldats.

Ici fut conclu une sorte de compromis entre la Commission municipale et le général de Redern. Convaincus que les réquisitions directes du soldat chez l'habitant entraînent toujours des violences dont ce dernier est la victime, et décidés à rester à leur poste pour sauvegarder la vie et les propriétés de leurs concitoyens, les membres de la Commission municipale consentirent à servir d'intermédiaires entre la population et les troupes prussiennes, à la condition que le général de Redern s'engagerait à user de toutes les rigueurs de la discipline pour faire respecter la Ville par ses soldats.

Cet engagement fut pris par le général, et nous devons dire qu'il a été tenu scrupuleusement jusqu'à son départ.

Nous voudrions pouvoir en dire autant des officiers de la Landwher qui succéda aux hussards de M. de Redern. Mais notre registre de correspondance est rempli de lettres signalant au commandant de place les vols commis par les officiers et les médecins chez les habitants où ils étaient logés. Presque toutes ces plaintes sont restées sans réponse ; et comme elles étaient toujours accompagnées du rapport du commissaire de police constatant le vol, nous ne croyons pas nous tromper en considérant cette circonstance comme la cause principale de l'incarcération que les Prussiens lui ont fait subir à Versailles. Ils n'ont jamais voulu avouer ce motif ; ils ont prétexté une distribution clandestine de lettres, etc. Mais tout nous porte à croire que ce motif est réel, et nous sommes heureux de pouvoir remercier publiquement M. Roussel du zèle et du dévouement dont il a fait preuve pendant toute la durée de l'invasion.

(1) Nous devons rendre justice au général de Redern en ajoutant que, sans lui, nous n'aurions peut-être jamais revu nos deux collègues, menacés d'heure en heure d'être fusillés par les officiers du général Schmidt, si les 100,000 francs ne leur étaient pas payés. Il fut chargé d'examiner l'affaire, les fit remettre en liberté et n'exigea de nous que les 10,000 fr. dont nous avons parlé plus haut.

LOGEMENT ET NOURRITURE DES SOLDATS

C'est à l'arrivée de la Landwher que commence la période la plus pénible du séjour des Prussiens dans notre Ville, car il fallut alors loger et nourrir les soldats chez l'habitant. Tous les efforts de la Commission municipale pour les faire loger dans les casernes furent longtemps inutiles, et ce ne fut qu'à force d'aller réclamer à Versailles auprès de l'état-major général, qu'elle finit par triompher du mauvais vouloir des officiers. Et encore ne put-elle jamais obtenir d'y loger plus d'un bataillon à la fois.

Malgré toutes les précautions employées pour que la répartition des billets de logement se fît avec équité, la Commission municipale n'ignore pas que des erreurs ont été commises. La Sous-Commission des logements militaires les a rectifiées chaque fois que les réclamations lui sont parvenues en temps opportun, et toutes les fois que les officiers ennemis ont consenti aux changements de domicile de leurs soldats. Nous regrettons vivement que, par des circonstances indépendantes de notre volonté, quelques-uns de nos concitoyens aient été chargés de logements militaires plus qu'ils n'auraient dû l'être, mais aussi nous devons signaler le mauvais vouloir de plusieurs habitants qui ne reculaient devant aucun moyen pour échapper à une charge qu'ils étaient parfaitement en état de supporter, sachant très-bien que leur refus ferait peser sur d'autres, moins heureux, des dépenses qu'il était de leur devoir d'accepter comme tout le monde.

Ainsi une dame, établie à Saint-Germain depuis longtemps déjà, profitait de ses relations fréquentes avec l'état-major prussien pour nous faire donner l'ordre, par le général, de ne plus lui envoyer de soldats à loger.

Ainsi le propriétaire d'une maison, qu'il habite seul avec sa femme et une bonne, nous faisait adresser, par le commandant de place, la lettre dont nous donnons copie :

« La Mairie est priée de dispenser monsieur le photographe Meyer du logement des soldats (rue de Mantes).

» La dame de M. Meyer est malade, de manière que M. le mé-
» decin a déclaré qu'il est impossible d'avoir des soldats.

Saint-Germain, 15/1871.

Le Commandant,

DE SCHAUMBERG.

Inutile de signaler l'erreur commise par le commandant de place qui écrit Meyer au lieu de Mayer. C'est bien de M. Frédéric Mayer, photographe, rue de Mantes, n° 40, qu'il s'agit ici. Et pendant que bon nombre de nos concitoyens étaient obligés de recevoir des Prussiens dans un logement composé de trois pièces qu'ils habitaient avec leurs femmes et leurs enfants, M. Frédéric Mayer, propriétaire d'une maison contenant une dizaine de chambres, se trouvait débarrassé de cet ennui et de cette dépense grâce à la lettre qu'il avait sollicitée auprès du commandant ennemi.

Passant à un autre ordre de faits, nous pourrions dire, par exemple, qu'un maître d'hôtel ayant vainement réclamé à la Mairie sur le prix de 6 fr. accordé pour la nourriture d'un officier, nous avons reçu du commandant de place de la Landwher, M. Fleck, deux lettres dans lesquelles on nous dit d'élever à 8 fr. le prix de la nourriture des officiers de cette garde qui prennent leurs repas chez lui. Dans la dernière M. Fleck nous menace même de faire élever à 8 fr. le prix de la nourriture des officiers dans tous les hôtels de la ville, si nous ne consentons pas à l'augmentation ordonnée. Ces deux lettres sont précieusement conservées dans le dossier de ce maître d'hôtel, et nous engageons vivement nos successeurs à ne pas le payer plus cher que ses confrères qui tous ont accepté le prix de 6 fr. pour la nourriture d'un officier.

Et pourquoi ne pas dire aussi que nous avons dressé procès-verbal contre un bourgeois qui envoyait son domestique voler du bois dans la forêt? Si nous sommes disposés à fermer les yeux sur des actes de ce genre commis par de pauvres gens, nous pensons bien que nos successeurs poursuivront le rentier, propriétaire de plusieurs maisons, qui s'est laissé entraîner par la cupidité à donner de si coupables exemples.

Nous pourrions malheureusement faire d'autres citations.

Au reste, la question des logements militaires se trouve traitée tout au long dans le Rapport lu à la séance du 13 avril, par la Sous-Commission chargée de ce service, Rapport dont nous donnons ci-dessous la copie :

RAPPORT DE LA SOUS-COMMISSION CHARGÉE DU LOGEMENT MILITAIRE PENDANT L'INVASION

» La question du logement a été et devait être une des plus gran-
» des préoccupations de la Commission municipale. Il fallait en effet,
» avant toutes choses, sauvegarder l'habitant et sa propriété, en
» évitant l'invasion du domicile par l'élément militaire agissant
» directement et par le seul droit de la force.

» Aussi fut-il décidé, dès le principe, que ce service serait fait
» avec autant de régularité qu'il serait possible, en commençant par
» faire entrer dans les casernes autant de militaires qu'elles en
» pourraient contenir.

» C'est ce qui put être fait dès le jour de l'occupation de la
» ville par les régiments de cavalerie ennemis. Hommes et che-
» vaux entrèrent en caserne, les officiers seuls furent logés en ville.

» Mais peu de temps après un régiment de Landwher de la
» garde envoyé en cantonnement à Saint-Germain, ayant refusé
» d'occuper les bâtiments restés vacants, il fallut se résigner à dé-
» livrer des billets de logement pour les officiers et les soldats.

» Ce genre de réquisition a présenté les plus grandes difficultés
» dans la répartition, tant par suite des exigences des officiers et des
» soldats, que par le peu de temps laissé par l'autorité ennemie
» pour la confection et la délivrance des billets de logement.

» Ainsi il a fallu charger outre mesure certains habitants, tan-
» dis que certains autres paraissaient être et étaient vraiment
» avantagés involontairement. De là de nombreuses réclamations

» souvent justifiées, il faut le dire, mais auxquelles il était néan-
» moins impossible de faire droit.

» Il y a lieu de rappeler ici à la Commission les différentes cau-
» ses qui ont pu gêner la régularité et l'équité dans ce service. Exi-
» gences des officiers qui désignaient souvent eux-mêmes les
» maisons qu'ils voulaient habiter ; refus des commandants de laisser
» loger leurs soldats dans certains quartiers trop éloignés soit du
» centre, soit de leurs sous-officiers ; ou aussi dans les maisons com-
» plétement inhabitées où il leur était impossible de préparer la
» nourriture; demandes de billets de logement pour un nombre
» d'hommes plus considérable que l'effectif, ce qui amenait des dis-
» tributions nouvelles par les fourriers suivant leur convenance
» personnelle, ou celle de leurs subordonnés, et sans que l'Adminis-
» tration municipale fût prévenue. A chaque mouvement de trou-
» pes, un certain nombre de soldats restait en ville, et il devenait
» difficile, même avec des recensement fréquents, de savoir quels
» étaient les partants, et souvent le même habitant recevait de nou-
» veaux hôtes, sans que les anciens l'eussent quitté. D'autre part,
» dans certaines maisons trop chargées, il a été impossible d'obtenir
» le changement ou le retrait des militaires, qui, s'y trouvant confor-
» tablement, refusaient d'évacuer le domicile, même après en avoir
» reçu l'ordre écrit du commandant de place qui hésitait à user de
» son autorité directe, ces cas de résistance étant très-fréquents,
» et pouvant amener des infractions graves à la discipline, qu'il ne se
» souciait pas de faire naître. Enfin du côté des habitants, les causes
» d'erreurs étaient devenues presque aussi nombreuses, chacun vou-
» lant se décharger sur le voisin de la charge désagréable qui lui
» incombait, et certaines personnes même assez nombreuses ayant
» réussi à écarter les soldats par un refus positif de loger, ou par
» d'autres motifs, tels que gratifications, etc.

» Ceci posé, nous avons à remettre sous les yeux de la Commis-
» sion municipale les différentes mesures qui furent prises par ses
» ordres, successivement, pour arriver à un résultat prompt et
» suffisamment convenable, suivant le but qu'on s'était proposé.

» Les états de recensement, qui servaient dans les temps ordinai-
» res pour le passage des troupes françaises, quoique complétés par

» le travail des Conseillers municipaux, au moment de l'arrivée
» des Prussiens sous Paris, et aussi par celui des agents de police,
» ne pouvaient suffire pour l'établissement de ces billets de loge-
» ment avec nourriture, d'une nature tout exceptionnelle et acca-
» blante pour l'habitant. Il fallut néanmoins, une première fois, se
» servir de ces éléments défectueux et incomplets. Les réclamations
» qui vinrent assaillir le bureau du logement ne permettaient plus
» aux employés de se livrer à un travail suivi. A partir de ce jour,
» la Commission municipale dut charger un certain nombre d'ha-
» bitants de faire, par rue, un nouveau recensement complet, qui
» permit, dans un moment donné, de délivrer des billets en plus
» grand nombre, s'il en était besoin, et seulement dans les loge-
» ments dont les propriétaires paraissaient pouvoir supporter cette
» charge si pénible.

» Ce système amena une amélioration évidente, et l'on put bien-
» tôt faire des changements indispensables. Malheureusement, au
» moment où ce travail était à peine terminé, un changement de ré-
» giment nécessita une nouvelle distribution de billets, qu'il fallut
» préparer dans l'espace d'une nuit. Tous les membres de la Com-
» mission se mirent avec ardeur, conjointement avec les employés
» de la Mairie, à ce travail ingrat, qui put être terminé le lende-
» main matin, peu après l'heure exigée. Mais les réclamations
» incessantes, chacun voulant se décharger sur le voisin ou sur les
» absents, affluaient à la Mairie et prenaient le temps des employés
» et celui des membres de la Commission. Il était impossible de
» se livrer à un travail sérieux, au milieu de ces personnes récla-
» mant à plus ou moins juste titre. La Commission décida alors
» de confier l'établissement des billets de logement, la surveillance
» du travail des Commissaires de rues, à des Commissaires de quar-
» tier qui centralisèrent les états d'une circonscription, et reçurent
» directement les réclamations des habitants, tout en restant sous
» la direction et le contrôle de l'administration municipale.

» Le bureau militaire centralisa, lui, tous ces services et garda
» les rapports plus difficiles avec l'autorité prussienne, se chargeant
» de répondre aux réclamations des militaires de l'armée ennemie.

» Ce système a fonctionné jusqu'à la fin, et s'il n'a pas été aussi

» satisfaisant que nous l'aurions désiré, du moins a-t-il permis d'a-
» gir avec plus de promptitude, et de se livrer dans les bureaux de la
» Mairie à d'autres travaux restés en souffrance jusque-là. Quelques-
» uns de ces Commissaires de quartier ont montré un zèle et un
» dévouement à la Ville, que nous ne saurions trop louer, et ont
» mérité la reconnaissance générale et la nôtre pour s'être livrés
» avec ardeur à ce travail ardu et complétement gratuit.

» La population, écrasée par cette occupation constante, récla-
» mait non sans raison un allégement à cette charge onéreuse. La
» Commission municipale se fit un devoir de faire toutes les dé-
» marches nécessaires et convenables, d'ailleurs, dans le but d'ob-
» tenir en même temps l'entrée en caserne d'un certain nombre de
» soldats de la Landwher, et l'exonération de tout ou partie de la
» nourriture des troupes. Ces démarches restèrent longtemps sans
» succès et l'administration dut, en attendant, chercher tous les
» moyens pour venir en aide aux habitants, avec le peu de res-
» sources dont elle disposait à cette époque. Elle fit délivrer des
» bons de pain et de viande aux habitants momentanément gênés,
» ou auxquels leur état de fortune ne permettait pas de subvenir à
» ces dépenses pendant un temps prolongé. Pour établir le crédit de
» certains d'entre eux chez les différents commerçants de la Ville et
» pour aider d'ailleurs à une répartition ultérieure plus équitable
» entre tous les habitants, elle prit la décision de rembourser,
» après la guerre, un minimum de 6 fr. par journée d'officier et
» 2 fr. par journée de soldat.

» Elle établit en outre un système de logement dans des maisons
» inhabitées et non meublées où il fût possible de loger à toute
» heure de la nuit un nombre de soldats assez considérable (150
» environ), évitant ainsi d'envoyer, au milieu de la nuit, les sol-
» dats chez les habitants. On put aussi dégrever de suite certaines
» personnes dont les réclamations étaient urgentes.

» Les membres de la Commission municipale et les médecins
» chargés du service des ambulances se chargèrent d'avancer les
» fonds pour subvenir à la nourriture, au chauffage et éclairage de
» ces soldats et de prendre de cette façon une part dans le logement
» militaire, et décharger d'autant les habitants. Il avait été décidé,

» en principe, que les administrateurs, les employés de l'État et de
» la Ville ainsi que les médecins, obligés de s'absenter le jour
» et la nuit de leur domicile pour des services publics, ne devaient
» pas avoir en outre des préoccupations incessantes et pénibles
» de leurs fonctions, celle de savoir, *en leur absence forcée*, leur
» domicile envahi par des soldats ennemis.

» D'autres maisons dans le même ordre d'idée furent depuis autorisées à s'ouvrir au bénéfice des notaires, comptables etc., dont
» les caisses ou papiers publics devaient être sauvegardés dans un
» intérêt général.

» Enfin le 19 décembre l'intendance allemande avait reçu l'ordre de fournir la nourriture aux sous-officiers et soldats, mais la
» Ville avait encore à sa charge le logement proprement dit, la
» nourriture des officiers et le service des ambulances, ainsi que la
» fourniture du vin aux soldats, et la préparation de leurs aliments.

» Aussitôt les habitants furent prévenus de ce fait et de la possibilité de venir chercher, chaque jour à la Mairie, le nombre
» de bons de vin nécessaire pour parfaire la nourriture des soldats
» logés. Beaucoup usèrent de cette faculté, d'autres soit négligence soit amour-propre ont conservé cette charge jusqu'à la fin
» de l'occupation. Il nous semble que l'administration n'a pas à
» s'en préoccuper, pas plus que de la fourniture indûment faite par
» certains gardiens de denrées ou liquides non exigés.

» Pourtant la même affiche avait prévenu les habitants que l'indemnité de nourriture devait cesser à la date précitée. Ce système a continué jusqu'au 2 mars, jour de la vérification des
» préliminaires de paix, époque à laquelle les officiers et les soldats n'eurent plus à recevoir que le logement, le feu et la lumière. Les ambulances avaient déjà été évacuées.

» Vers le 1er janvier une partie du régiment de la Landwher
» avait été logé dans les casernes; mais le dernier résultat n'avait
» pu être obtenu qu'après de grands débats, le chef de cette troupe
» ayant mis toutes les entraves possibles dans l'exécution d'ordres,
» en opposant chaque jour des exigences nouvelles et ridicules, à
» tel point que l'autorité militaire elle-même crut devoir brus-

» quer la solution, mais après bien des dépenses inutiles occasion-
» nées à la Ville.

» Enfin l'ennemi sortit de Saint-Germain le 12 mars. La Ville
» pouvait se considérer comme sauvegardée. Les propriétés parti-
» culières et même celles de l'État, en exceptant les vols commis
» par les individus et les dégradations inévitables suite de l'habi-
» tation du soldat dans les logements, était dans un état très-sa-
» tisfaisant, si l'on compare la ville de Saint-Germain aux loca-
» lités environnantes.

» Mais, nous devons le répéter beaucoup d'habitants avaient
» été chargés outre mesure; d'autres, au contraire, avaient été lais-
» sés de côté, sans avoir eu à souffrir aucune des dépenses du
» logement militaire.

» Il ne nous paraît pas possible de laisser les choses dans l'état
» actuel. Il vous paraîtra, sans doute, comme à votre Sous-Com-
» mission, urgent et indispensable de rembourser complétement
» aux habitants qui ont eu des militaires à loger, non-seulement
» les 6 francs et 2 francs par jour qui ont été promis, et qui sont
» suffisants pour indemniser de la nourriture, mais aussi une
» somme que votre sous-Commission vous propose de fixer à 2 fr.
» par officier et à 1 franc par soldat et par jour, pour le chauffage,
» l'éclairage et la préparation des aliments ainsi que pour le
» logement proprement dit.

» De cette façon seule, il nous a paru possible de réparer, en
» partie, les erreurs commises, et d'indemniser les propriétaires et
» locataires qui ont été surchargés.

» Pour le remboursement des billets de logement qui montera à
» un chiffre considérable, un bureau spécial a été installé à la
» Mairie avec trois employés d'une probité reconnue. Ils sont char-
» gés, sous la surveillance d'un membre de la Commission muni-
» cipale, d'enregistrer le nombre de journées de logement revenant
» à chaque habitant, après vérification faite sur les billets de loge-
» ment, sur les états des commissaires du quartier et sur ceux du
» commissaire de police, constatant le nombre de journées acqui-
» ses, et le versement au bureau des billets qui restent comme piè-
» ces à l'appui. Chaque jour un registre spécial sur lequel déjà a été

» inscrit le nombre de bons de pain et de viande délivrés à chaque
» personne, et celui du bois, du vin, est mis à jour et contiendra
» le nombre de journées d'officiers et de soldats nourris et logés,
» ou logés seulement, qui doivent être remboursées au taux qui
» sera fixé ; ce travail est commencé et fonctionne journellement.
» Une fois cette opération terminée, l'administration municipale
» pourra se libérer vis-à-vis de chacun des habitants selon qu'elle
» y aura été autorisée. »

Ici le rapport de la Sous-Commission propose divers moyens d'arriver au remboursement des dépenses occasionnées aux habitants par la nourriture, le logement, le chauffage et l'éclairage des troupes ennemies.

Ces moyens ont été reproduits dans le rapport de la Sous-Commission des finances. On trouvera plus loin, dans l'extrait du procès-verbal de la séance du 13 avril, la discussion à laquelle a donné lieu leur examen.

RÉQUISITIONS

Cependant les exigences de l'ennemi se manifestaient sous toutes les formes : réquisitions de cuirs, d'outils, de bois, de fer, de voitures surtout ! Les propriétaires de chevaux et de voitures ont eu beaucoup à souffrir. Plusieurs d'entre eux furent brutalisés et contraints de marcher par la force.

La Commission municipale a lutté de toutes les manières contre les prétentions d'un ennemi toujours hypocrite qui s'étudiait sans cesse à dissimuler ses violences sous les dehors de la raison et de l'équité.

Le contrôle de toutes les réquisitions envoyées aux habitants pendant l'occupation est terminé à la Mairie, et a été remis à la Sous-Commission des finances, pour servir à la liquidation.

Afin de donner une idée de la nature des rapports que la Commission municipale a été forcée d'entretenir avec l'ennemi, il nous suffira de prendre au hasard et de copier quelques lettres de l'autorité prussienne :

« Les chevaux qui sont habituellement dans la Ville sont à pré-
» senter à 4 heures cette après-midi, à la terrasse. Pour chaque
» cheval qui ne se présente pas, j'imposerai une peine d'amende
» de 500 francs.

» Saint-Germain, 3 février 1871.

» Le commandant de place,

» FLECK. »

« En conséquence des plaintes qui me sont venues de plusieurs
» côtés, je prie la Mairie de rappeler aux habitants le décret con-
» cernant le cours de l'argent allemand en France. (Recueil offi-
» ciel du département de Seine-et-Oise, n° 4, page 78.) Je puni-
» rai chaque contravention que l'on me fera savoir de la peine
» menacée.

» Saint-Germain, 7 février 1871.

» Le commandant de place,

» FLECK, pour ordre. »

« La Mairie n'a pas commencé à exécuter l'ordre du comman-
» dant de place à réparer le chemin sur le chemin de fer. La Mai-
» rie est avertie que la Ville ait à payer une amende de 1,000 fr.
» si cet ouvrage n'est pas exécuté dans le temps commandé.

» Saint-Germain, 21 février 1871.

» Pour le commandant de place,

» DE RANKE. »

Nous ferons remarquer que toutes ces demandes sont postérieu-
res à la conclusion de l'armistice. Cela donne une idée de ce que
pouvaient être les autres.

Le 2 février, nous recevons l'ordre de régler toutes les montres
de la Ville sur celle que nous présente un sous-officier.

Deux mauvais drôles, condamnés déjà pour vol, avaient été arrêtés et mis à la geôle quelque temps après l'arrivée des Prussiens. Ils s'adressent au commandant de place. Un général fait une enquête. On nous demande de désigner deux d'entre nous qui resteront comme otages pendant la durée de l'enquête. Nous répondons qu'aucun de nous ne voulant quitter son poste, nous n'avons pas d'otages à livrer, ou plutôt que nous en servirons tous. L'enquête finie, le général ordonne la mise en liberté de ces deux hommes et leur fait quitter la ville en nous forçant à payer à chacun d'eux une somme de 50 francs. L'un d'eux était fortement soupçonné d'être l'espion des Prussiens.

Nous terminerons en donnant connaissance de la lettre adressée par la Commission municipale au général de la Landwher, la veille de son départ.

Saint-Germain, 7 mars 1871.

« Monsieur le Général,

» La Commission municipale a l'honneur de porter à votre connaissance le fait inqualifiable qui, contrairement aux ordres que vous aviez donnés, s'est passé au magasin d'armes du poste de la gare, dans les derniers huit jours, paraît-il.

» Les portes ont été forcées, les vitres brisées, les armes encore en état ont été enlevées, et les vêtements non soustraits ont été mis en pièces.

» La Commission municipale renonce d'ailleurs à voir réintégrer en magasin les objets volés, mais elle n'a pas voulu vous laisser quitter Saint-Germain sans que vous ayez été instruit de ce pillage inutile et consommé depuis la cessation des hostilités ; vous laissant apprécier vous-même la question d'indiscipline en ce qui vous concerne spécialement.

» Veuillez, etc.

» Les membres de la Commission municipale. »
(Suivent les signatures.)

Aucune réponse ne fut faite à cette lettre.

ATELIERS — FONDATIONS DIVERSES — AVANCES

Une des inquiétudes les plus graves de la Commission municipale était de savoir comment la population ouvrière de la Ville, privée de tout travail, pourrait supporter les rigueurs de l'hiver.

C'est sous l'empire de cette préoccupation que fut autorisée l'ouverture de la boucherie de cheval, que furent créés le fourneau alimentaire et la caisse de prêts aux ouvriers sans travail, et que furent ouverts des ateliers dont les résultats devaient en même temps profiter à la Commune.

Nous donnons ici un extrait du procès-verbal de la séance du 13 avril qui contient l'analyse du rapport de la Sous-Commission chargée de veiller à l'exécution des décisions prises à ce sujet :

« Le rapporteur expose que malgré les charges qui pesaient sur
» la Ville pendant l'invasion, la Commission municipale a cherché
» à soulager la classe ouvrière autant qu'il était en son pouvoir ;
» que pour y parvenir elle lui a fait exécuter des travaux dont le
» résultat pouvait être utile à l'État et à la Commune, en évitant
» toutefois de créer des ateliers ayant quelque ressemblance
» avec les ateliers nationaux de 1848, dont les résultats comme
» travail utile ont été à peu près nuls, et dont la dissolution a
» partout entraîné avec elle de graves difficultés.

» Aussi, à l'exception de l'enlèvement des arbres abattus dans
» la forêt à l'approche de l'ennemi, a-t-elle donné à tâche, et non
» pas à la journée, tous les travaux que les circonstances et les
» faibles ressources dont elle pouvait disposer lui ont permis d'en-
» treprendre. En première ligne il faut citer l'extraction des cail-
» loux pour l'entretien des chemins de la commune ; la réparation
» provisoire de la route de Poissy, exécutée à titre d'avance faite
» à l'État ; la construction d'une partie du chemin en prolonge-
» ment de la rue Bergette, adjugée au sieur Champy, le prolon-
» gement du hangar construit dans le terrain près le cimetière,
» et divers autres travaux d'entretien.

» Toutes ces opérations, produisant un travail utile, combinées
» avec les ressources qu'offraient la création de la boucherie de
» cheval, celle du fourneau alimentaire et de la caisse des prêts
» aux ouvriers sans travail, ainsi que les secours très-nombreux
» délivrés par le bureau de bienfaisance et par la charité privée,
» ont permis à la partie nécessiteuse de la population de traver-
» ser moins péniblement les dures épreuves que la guerre, la
» mauvaise saison et le manque de travail nous avaient imposées.

» Le crédit ouvert par la Commission municipale pour la créa-
» tion du fourneau alimentaire s'élevait à la somme de 3,000 fr.
» Les frais d'établissement, de matériel et de loyer s'élèvent à
» 1,100 francs. On s'occupe de faire rentrer toutes les cartes qui
» sont encore entre les mains des personnes chargées de les distri-
» buer, ainsi que les sommes qui sont encore dues à l'œuvre.
» Cependant nous pouvons dire, dès à présent, que cette seconde
» partie de la dépense ne dépassera pas 1,300 francs, ce qui don-
» nera une dépense totale de 2,400 francs environ. Pour cette
» somme, on a distribué 15,000 portions de viande, 25,000 por-
» tions de bouillon, et 9,600 rations de pain, on a fait face à
» tous les frais d'établissement, et on a payé six mois de loyer.

» Aujourd'hui les travaux particuliers reprennent en ville, la
» bonne saison est revenue, les femmes trouvent de l'emploi au-
» près des nombreuses familles que la guerre civile a chassées de
» Paris, en un mot la situation est de beaucoup améliorée. Deux
» faits significatifs en donnent la preuve : la caisse des prêts aux
» ouvriers sans travail ne reçoit presque plus de demandes, et le
» fourneau alimentaire, qui distribuait jusqu'à 300 litres de bouil-
» lon par jour en distribue à peine aujourd'hui 25. Aussi la
» Sous-Commission a-t-elle pu diminuer peu à peu les travaux
« qu'elle faisait exécuter, et elle propose d'arrêter dans un bref dé-
» lai les distributions de bouillon du fourneau alimentaire ainsi
» que les opérations de la caisse de prêts aux ouvriers.

» A propos de cette dernière, nous ajouterons que le total des
» avances faites ne s'élève qu'à 1,749 francs 35 centimes. — Votre
» crédit s'élevant à 2,000 francs, notre dépense se trouve inférieure
» au crédit pour une somme de 250 francs 65 centimes. »

Le rapporteur ajoute que beaucoup de ceux à qui les avances ont été faites n'ont pas pu donner leur signature sur le registre. C'est avec une profonde tristesse qu'il a constaté ce fait. Il considère avec raison l'ignorance comme la cause à peu près unique de tous les maux que peut engendrer la misère, et il insiste pour que l'instruction soit répandue par tous les moyens possibles dans la population.

Enfin la Commission municipale, afin de venir en aide à tous les employés de l'État qui se trouvaient privés de leurs traitements, afin de secourir les familles des soldats, des mobiles et des gardes forestiers qui combattaient pour la défense du pays, avait résolu de percevoir les droits de régie appartenant à l'État, sous réserve de comptes à établir plus tard. Cette mesure, favorable en outre à l'État lui-même, dont elle sauvegardait les finances par la recette des fonds qui lui étaient dus, fut mise à exécution, malgré les difficultés soulevées par les agents de ce service. Elle nous permit de payer aux ayant-droit les sommes qui leur étaient dues, et déjà une partie de ces avances a été remboursée à la Ville par les personnes à qui elles avaient été faites.

FINANCES

Non contents de nous faire payer la nourriture des hommes et des chevaux, les transports, les frais d'ambulances, de poste, etc, les Prussiens demandaient sans cesse de l'argent. Ils exigèrent d'abord le paiement des contributions directes, puis celui des contributions indirectes. C'était une des conséquences désastreuses de cette guerre dans laquelle le Gouvernement déchu avait lancé le pays. Le vainqueur perçoit en pays ennemi les contributions qui appartiendraient au vaincu en temps ordinaire.

La Commission dut, pour satisfaire aux demandes du Préfet prussien de Versailles, s'adresser à diverses reprises aux habitants; mais comme elle espérait toujours que la paix ou la défaite de l'ennemi viendrait d'un moment à l'autre mettre un terme à ses exigences, elle traînait toujours les paiements en longueur, et ne donnait jamais que des à-comptes. Ses prévisions se trouvèrent pleinement justifiées, ainsi que le prouve le Rapport de la Sous-Commission des finances que nous publions plus loin.

Enfin, après la conclusion de l'armistice, et lorsqu'on se croyait à bon droit débarrassé de toute contribution en argent, l'autorité allemande frappa tout le département d'une contribution de guerre de dix millions de francs, qui, répartie par le Préfet prussien entre tous les cantons du département, imposait celui de Saint-Germain pour une somme de 587,386 fr., dans laquelle la part de la Ville seule s'élevait à 312,000 fr. environ.

Fallait-il refuser? Les exécutions militaires précédemment faites dans les cantons de Marly et de Poissy, ainsi qu'à Maisons, dans notre canton lui-même, indiquaient assez le sort qui nous était réservé en cas de refus.

Cependant la Commission municipale jugea prudent de consulter les plus imposés et les membres de l'ancien Conseil municipal, ainsi que les Maires du canton, afin d'arrêter en commun les mesures à prendre en présence d'une violation aussi flagrante du droit des gens. La réunion eut lieu le 21 février à la Mairie, l'assemblée fut d'avis qu'il y avait lieu de céder devant la pression violente que la force menaçait d'exercer sur nous, tout en s'en rapportant aux efforts que tenteraient la Commission municipale et les Maires du canton pour obtenir la remise d'une partie de la contribution exigée.

Les Maires du canton réunis ensuite à la Commission municipale désignèrent l'un d'entre eux, M. le Maire de Maisons, pour aller à Versailles avec deux membres de la Commission de Saint-Germain, et faire une démarche tant auprès des ministres français qu'auprès de l'autorité supérieure prussienne, déclarant accepter d'avance le résultat de cette tentative.

Les trois délégués partirent immédiatement, et obtinrent, après de longs pourparlers, de payer la somme en deux fois, savoir :

Le premier tiers, le 1er mars; et les deux autres tiers le 15 du même mois, à la condition formelle qu'un à-compte de 30,000 fr. sur le premier tiers serait payé dans la matinée du 22 février, jour fixé par les Prussiens pour l'exécution militaire dont la Ville était menacée.

Mais si, grâce à l'empressement de la population, nous étions en mesure de payer les 30,000 francs réclamés, nous avions cependant l'inquiétude de voir le Prussien s'emparer de la totalité de notre argent, à cause des questions indiscrètes qui nous avaient été adressées pendant la séance générale, et auxquelles nous ne pouvions pas opposer un silence que l'assemblée aurait certainement très-mal interprété. Il n'est pas possible, en effet, si pressants que soient les besoins, si critique que soit la situation, de faire de fréquents appels de fonds à la population d'une ville, d'en convoquer ensuite les principaux habitants dans un intérêt tout financier, et de refuser cependant de répondre à ceux qui désirent s'éclairer sur les ressources qui restent à leurs administrateurs. Nous avions prévu les questions qu'on nous a faites, et nous avions décidé dans la séance de la veille, comme le prouve notre procès-verbal, que nous y répondrions, espérant toujours que le danger de la réponse serait compris de tous. Il n'en fut pas ainsi; on nous demanda ce qui restait en caisse; aucune protestation ne s'éleva dans l'assemblée, son silence interrogateur indiquait même avec quelle impatience la réponse était attendue; ce n'était pas à nous qu'il appartenait de protester. Le restant en caisse fut déclaré, ainsi que nous l'avions décidé; mais heureusement notre réponse n'eut pas les conséquences funestes que le passé nous autorisait à redouter.

Les extraits ci-dessous du rapport de la Sous-Commission des finances exposent clairement l'ensemble des exigences prussiennes et les mesures qu'elles ont nécessitées de la part de la Commission municipale.

RAPPORT DE LA SOUS-COMMISSION DES FINANCES

« Messieurs

» Lorsque nous entrâmes en fonctions le 16 septembre 1870, il
» existait en caisse chez le receveur municipal une somme de

» 4,428 fr. 52 c. espèces disponibles et la Ville possédait au Trésor
» à Paris la somme de 160,314 fr. 63 c.

» Nos ressources financières à présenter se réduisaient donc au
» misérable encaisse que nous vous avons indiqué, 4,428 fr. 52.
» Nos ressources pour l'avenir n'existaient plus que dans le pro-
» duit de l'octroi devenant désormais problématique, en tous cas
» insuffisant, et la confiance que la Ville aurait dans la Commis-
» sion municipale chargée désormais de sauvegarder vis-à-vis de
» l'armée allemande la Ville et les habitants qui étaient restés à
» Saint-Germain. Cette confiance, Messieurs, ne nous a pas fait
» défaut, elle nous a été complétement donnée, les sommes impor-
» tantes que les habitants nous ont apportées volontairement et
» dont nous vous dirons le chiffre tout à l'heure, sont la preuve
» irrécusable de notre assertion.

Ici le Rapporteur entre dans le détail des faits qui se sont passés dans la nuit du 20 au 21 septembre, et après avoir dit que la somme totale versée par la population s'est élevée à 104,524 fr. 50 c. il ajoute :

« Cette brutale contribution de 100,000 fr. demandée ne fut
» pas versés à l'armée allemande, la Commission municipale fut
» assez heureuse pour la faire réduire de 90,000 fr. et après de
» longs et pénibles pourparlers, nos collègues qui s'étaient géné-
» reusement offerts nous furent rendus.
» Ce fut donc cette somme de 90,000 fr. qui nous restait entre
» les mains le 21 septembre qui nous permit de faire face aux pre-
» mières nécessités de l'occupation prussienne et le 22 septembre
» nous étions occupés par un général avec son état-major et deux
» régiments de cavalerie ; nous avions désormais à nourrir et à
» loger hommes et chevaux et à suffire aux charges des réquisi-
» tions sous toute espèce de formes.
» Depuis le 21 septembre, les charges de la Ville n'ont été qu'en
» augmentant ; à la cavalerie sont venus s'ajouter, dès les premiers
» jours d'octobre, les ambulances, les intendances, l'artillerie, trois
» bataillons de Landwher, le télégraphe, la poste et tout ce que

» traîne à sa suite une occupation militaire ; enfin aux charges
» militaires sont encore venues se joindre les charges de l'autorité
» soi-disant civile ; un soi-disant Préfet de Seine-et-Oise, de par
» l'autorité allemande, comme il s'intitulait, a frappé Saint-Ger-
» main de contributions directes indirectes, enfin de contributions
» de guerre. Aucunes charges n'ont manqué à Saint-Germain, et si
» l'occupation prussienne eût duré quelque temps encore, le génie
» inventif de la Prusse, en matière de rapacité, eût découvert
» quelques nouvelles contributions à nous extorquer.

» Enfin cette triste situation de la Ville qui a commencé le 21 sep-
» tembre 1870 n'a eu sa fin que le 13 mars 1871 ; c'est cette si-
» tuation, Messieurs, que nous allons vous exposer en chiffres ;
» avant de l'aborder, nous avons besoin de vous rappeler la mar-
» che que nous avons suivie pour nos écritures et les motifs qui
» nous ont déterminés à employer la forme commerciale ; avant
» tout il fallait dissimuler aux Prussiens nos ressources réelles et
» mettre notre caisse à l'abri de tout événement. N'ayant au-
» cunes ressources assurées, marchant en quelque sorte au jour le
» jour, ne pouvant prévoir aucunes recettes, aucunes dépenses,
» obligés d'entrer en compte courant avec un grand nombre de per-
» sonnes la forme budgétaire était impossible ; nous avons donc
» laissé fonctionner le Budget dans ses conditions d'écritures or-
» naires, et n'avons point mêlé nos écritures aux siennes.

» Comme ressources financières, nous n'avons jamais fait aucun
» emprunt aux fonds de la Ville, nous lui sommes même forcément
» venus en aide, à raison de son insuffisance de ressources au
» moyen de notre caisse dite d'occupation. La dépense de l'occu-
» pation prussienne en tant que sommes reçues et payées se trouve
» donc établie par des comptes tenus commercialement, en partie
» double, ainsi que nous venons de le dire.

» Quant aux dépenses qui ont trait aux réquisitions et à la nour-
» riture du soldat chez l'habitant, dépenses dont les chiffres ne
» sont point encore définitivement établis et qui ne peuvent l'être
» qu'à la suite du travail qui se fait en ce moment-ci par les Sous-
» Commissions spéciales, la liquidation en sera faite suivant les
» formes ordinaires de la comptabilité communale, la Commission

» municipale, par une de ses dernières délibérations, a décidé à cet effet l'ouverture d'un crédit spécial en recette et dépense, à raison du reversement qu'elle a fait récemment des fonds de sa caisse d'occupation à la caisse municipale de la Ville, (1).

» Actuellement, Messieurs, nous allons mettre sous vos yeux la situation, aujourd'hui connue telle qu'elle résulte des écritures, et d'après le bilan détaillé que nous joignons à notre rapport.

» Ce bilan établit :

» Qu'il a été versé par les habitants à la caisse de la Commission municipale du 20 septembre 1870 au 21 avril 1871, 724,466 fr. 64 c.

» Cette somme se décompose ainsi :

» 1° Restant dû sur l'État nominatif A, versement lors du bombardement.	87,524,50
» 2° Restant dû pour prêts faits par les habitants sans intérêts du 19 octobre 1871 au 11 décembre. État nominatif B.	46,187,50
» 3° Prêts faits par les habitants portant intérêt 5 0/0. État arrêté le 1er mars 1871 C. . . .	232,415,45
» 4° Versements faits par les habitants pour payement de contributions. État D.	100,590,62
» 5° Perception des droits de régie du 30 décembre 1870 au 13 mars 1871. État E.	20,138,57
» 5° Versement fait le 21 février par les habitants au sujet de la contribution de 587,386 francs. État F.	237,610,00
Somme égale.	724,466,64

» Sur cette somme de 724,466,64, il a été versé à la caisse du receveur municipal de la Ville . .	257,599,21

» Cette somme disponible, aux mains du receveur municipal est affectée à la liquidation de l'occupation allemande.

(1) Décision approuvée par le Préfet le 21 avril 1871.

» Il a donc été payé du 28 septembre au 20
» avril 1871, 466,867,43. . . . .

» Mais sur cette somme il a été avancé à la Ville.
» Pour payements divers et pour farines
» garanties par la Ville. 20,194,22
» Au bureau de bienfaisance. 3,020,00
» Pour prêts aux ouvriers, et pour ateliers de
» travail et avances diverses à la Ville. 12,784,89

Avances à l'État.

» Pour solde des avances aux employés de l'État
» sur leurs traitements pendant l'occupation. . . . 6,300,68

Avances aux Ponts et Chaussées.

» Pour travaux de route exécutés pour leur
» compte suivant réquisitions prussiennes, et avan-
» ces aux cantonniers non payés et app. à l'État du
» 20 novembre au 27 mars. 8,054,43

Communes du Canton.

» Payé pour Croissy et Chatou dans la contribu-
» tion de guerre de 587,386. 6,225,95

Total, fr. 56,580,17

» Il y a donc lieu de déduire de la somme de fr. 466,867,43
» indiquée plus haut celle de. 56,580,17
» dans laquelle il y a lieu de rentrer. . . . .

« Reste donc la somme de. 410,287,26
» affectée aux dépenses de l'occupation prussienne, dépenses qui
» consistent en nourriture de troupes et chevaux, logement et
» nourriture d'officiers dans les hôtels pour partie, réquisitions
» diverses payées, contributions directes, et de guerre, frais d'am-
» bulances, et qui toutes sont constatées par les écritures tenues,
» pièces et correspondances à l'appui.

» Dans cette somme de, 410,287,26. . . . . .
». Les ambulances figurent seules pour. 62,978,76
» Les contributions pour. 108,960,16

Total, fr.   171,938,82

» Aux sommes déjà payées pour l'occupation prussienne, vien-
» dront se grouper les sommes relatives au remboursement de la
» nourriture des troupes chez l'habitant, celle de la liquidation des
» hôtels, enfin le payement des réquisitions en nature, et ce sont
» de gros chiffres.

» Le chiffre total des dépenses occasionnées par l'occupation
» allemande du 20 septembre au 13 mars ne pourra être réelle-
» ment connu qu'après l'établissement des dépenses ci-dessus indi-
» quées dont l'administration poursuit l'apurement.

» D'après les données que nous avons, il nous paraît à peu près
» certain que le chiffre total de l'occupation ne dépassera 14 à
» 1500 mille francs, sur lesquels il y aura à déduire les sommes
» que l'État aura incontestablement à nous rembourser à divers
» titres.

Contributions de guerre.

» Ces contributions se divisent en trois sortes de contributions,
» en contributions de guerre proprement dite, en contributions di-
» rectes, en contributions indirectes.
» Sommes exigées. 411,364,00
» Sommes payées. 25,901,20
» Comme contributions de guerre nous avons été frappés:
» 1° Le 20 septembre, de. 100,000,00
» 2° Le 15 février de. 587,386,00
» Dans ce chiffre de 587,386,00 pour lequel toutes les communes
» du canton étaient imposées et solidaires les unes des autres, St-
» Germain avait à payer pour sa part 311,364 fr. et était rendu
» responsable de la totalité des sommes dues par les communes du
» canton, le payement de cette somme de 587,386 devait être
» effectué aux termes de la sommation préfectorale en une seule

» fois ; aucune réclamation pour obtenir une diminution de la
» contribution ne pouvait suspendre l'exécution militaire pour le
» payement immédiat.

» Cette sommation était faite le 19 février par l'autorité alle-
» mande, le payement des 587,386 fr. devait être immédiat. »

Le rapport contient ici le récit de la séance générale dont nous avons parlé plus haut.

« Les membres de la Commission et le Maire de Maison, viennent
» à peine de partir pour Versailles, que deux lettres du commandant
» de place prussien de Saint-Germain arrivaient à la Mairie, l'une
» à 1 heure 1/2, l'autre à trois heures ; la première demandait :
« qu'avant deux heures de l'après-midi le résultat de la délibé-
» ration des Maires du Canton et de la Commission municipale fût
» communiqué au commandant de place ; la seconde qui parve-
» naient quelques instants après la réponse faite par la Commission
» municipale et qui indiquait le départ des membres de la Com-
» mission pour Versailles disait, et nous reproduisons cette lettre
» textuellement : « Par ordre de S. E. le général commandant la
» division, j'ai à prévenir la Mairie en réponse du communiqué
» d'aujourd'hui concernant la contribution de guerre, que si la
» somme réclamée n'est pas versée jusqu'à demain dix heures du
» matin, la ville de Saint-Germain aura à nourrir une compagnie
» d'infanterie et à payer en outre, par chaque soldat de la com-
» pagnie, deux francs par jour, et pour les officiers six francs par
» jour, d'autres mesures d'exécution de force seront encore ré-
» servées. »

» La Ville se trouvait donc pour le lendemain 22 février me-
» nacée d'exécution militaire.

» A neuf heures du soir les membres de la Commission rentraient
» à Saint-Germain ayant obtenu que . . . .

Suit l'exposé de la solution déjà rapporté plus haut :

« Toutes les communes du canton ont restitué à la ville leur
» quote-part de la somme de 30,000 francs qu'elle a dû verser
» aux Prussiens d'après les conventions obtenues. Aigremont,

» Chambourcy, Mareil, Fourqueux, Maisons, Carrière, Le Pecq,
» Achères ont payé, Croissy et Chatou seuls résistent au rembour-
» sement, bien qu'ayant assisté et adhéré à la délibération com-
» mune :

» Chatou doit pour sa part 4,611 60
» Croissy   » 1,614 35

» Il y aura lieu de donner suite à ce recouvrement, auquel ces
» deux communes ne peuvent se soustraire.

» En résumé :

» Nous avons été frappés comme contributions de guerre :
» 1° Le 20 septembre 1870, de 100,000 00
» 2° Le 15 février 1871, pour notre part. . . 311,364 00

Total. . . 411,364 00

» Et nous n'avons payé *en tout que*. . . . 25,901 20
» En fait nous nous sommes soustraits au paye-
» ment de   385,462 80

Contributions directes et indirectes.

» Dès le mois d'octobre le Préfet prussien vint nous signifier
» en plein Conseil à Saint-Germain qu'il allait percevoir désor-
» mais, par 1/12 au profit de l'armée allemande, les contributions
» directes dues à notre Gouvernement, sans tenir compte des
» sommes que les habitants auraient payées par anticipation à
» l'État, disant que tel était son droit. D'après son calcul nous
» étions mensuellement frappés d'une somme de 40,375 francs,
» équivalente, disait-il, au 1/12 de notre rôle ; nous protestâmes
» contre le chiffre, et votre Commission finit par faire comprendre
» à ce nouvel administrateur du département, qu'il y avait dans
» tous les cas à déduire les centimes appartenant à la Ville. —
» La somme de 40,375 francs représentant, suivant le Préfet
» prussien le 1/12 de contributions, fut donc réduite à celle de

» 20,000 fr. 03 c. — A partir du 1er janvier 1871, nous fûmes
» frappés d'une nouvelle contribution, aux contributions directes,
» il y avait désormais à ajouter les contributions indirectes que le
» Préfet prussien établit à raison de 150 p. 0/0 de la contribution
» directe. — C'est-à-dire qu'au lieu de payer 26,680 fr. 03 c.
» par mois pour les contributions directes, nous allions avoir à
» payer 66,700 fr. par mois pour les contributions directes et indi-
» rectes. Ainsi l'impôt indirect devenait, sous la plume du Préfet,
» du moins, un impôt direct perçu par 1/23. Nous protestâmes
» contre cette interprétation de l'impôt indirect, nous ne pûmes
» rien obtenir, il fallait de l'argent n'importe comment, mais le
» gouvernement prussien donnait à une contribution de guerre dé-
» guisée, l'aspect d'une contribution régulière. Ce trait peint d'un
» coup toute son astuce et son hypocrisie ; il peut prendre, parce
» qu'il est le plus fort, mais il ne veut paraître prendre que d'une
» façon régulière et, en quelque sorte, en vertu d'un droit.

» En résumé :

» Pour les contributions directes, l'indemnité s'élève d'octobre
» après février, à   213,440 13 c.
» 1º Pour contribution directe pour octobre,
» novembre et décembre à raison de 26,680 03
» à fr.   80,040 09
» 2º Pour janvier, contribution directe,   26,680 03
»   Contribution indirecte,   40,020 00
» 3º Pour février contribution directe,   26,680 03
»   Contribution indirecte,   40,020 03
                                                    » Total.   213,440 15
» Sur cette somme nous n'avons payé que,   83,058 96
» Et par nos atermoiements et nos débats à
» l'autorité allemande, nous avons évité à la
» Ville le paiement de la somme de,   12,9381 19

» Le rapport contient ensuite l'exposé des moyens à employer
» pour arriver au remboursement des dépenses de toute nature

» imposées à la Ville par la présence de l'ennemi, et dont nous
» devons faire aujourd'hui la liquidation. Ces moyens sont en
» grande partie proposés déjà par la Sous-Commission des
» logements militaires. Pour abréger les citations, nous nous
» contentons de donner un extrait du procès-verbal de la séance
» du 13 avril, dans laquelle ces moyens sont examinés.

» Après avoir dit que le chiffre de la dépense totale s'élevera
» au plus à 1,500,000 fr., le rapport de la Sous-Commission des
» finances, de même que celui de la Sous-Commission des loge-
» ments propose trois moyens, savoir :

» 1° Rembourser les 1,500,000 francs au moyen d'un emprunt
» qu'on amortirait en 12 ans, et dont on obtiendrait l'annuité en
» frappant la ville, pour le même temps, d'un impôt de 80 cen-
» times extraordinaires;

» 2° Doubler les impositions de toute la Ville pendant une an-
» née, ce qui produirait une somme totale d'environ 750,000 fr,
» laquelle est précisément égale à celle due pour le logement et
» la nourriture des troupes ennemies. — Payer la seconde moi-
» tié de la dette totale au moyen d'un emprunt amorti en 12 an-
» nées à l'aide de centimes extraordinaires, comme dans le cas
» précédent;

» 3° Faire un emprunt de 1500,000 remboursable en 30 an-
» nées et dont l'annuité serait fournie en partie par une augmen-
» tation qu'on ferait subir au tarif de l'octroi, en partie par des
» centimes extraordinaires.

» Le rapporteur fait remarquer que l'augmentation du tarif de
» l'octroi peut s'appliquer aux deux premiers moyens aussi bien
» qu'au troisième, mais que cependant les deux premiers moyens,
» même avec le secours de l'octroi, ont le grave inconvénient de
» frapper immédiatement la population pendant 12 années d'une
» imposition considérable, ce qui nuirait aux intérêts de la Ville,
» dont toutes les ressources disponibles seraient pendant 12 an-
» née entièrement absorbées par l'annuité de l'emprunt, sans qu'il
» soit possible d'en employer même une faible partie non pas à
» l'amélioration, mais encore à l'entretien complet des propriétés
» municipales.

» Au contraire, le remboursement de l'emprunt se fera d'une ma-
» nière beaucoup moins sensible pour les contribuables, à cause du
» laps de temps beaucoup plus long nécessaire à l'amortissement.
» En conséquence la Sous-Commission des finances propose pour
» subvenir tant aux dépenses de l'occupation prussienne qu'au
» remboursement des avances faites par les habitants, un em-
» prunt de 1,500,000 fr. qui serait amorti en 30 années.

» L'intérêt de l'argent étant fixé à 5 p. 0/0, l'annuité calculée
» devra s'élever à la somme de 97574,32474, à laquelle on fera
» face : 1° au moyen de l'augmentation du tarif de l'octroi ; 2° au
» moyen de centimes extraordinaires.

» M. le Maire ouvre la discussion sur la proposition de la Sous-
» Commission des finances.

» Un membre dit que sans combattre la proposition, il est peut-
» être à craindre qu'on adresse plus tard à la Commission muni-
» cipale le reproche d'avoir engagé pour un temps bien long les
» revenus de la Ville.

» La crainte serait fondée, répond un autre membre, s'il s'agis-
» sait d'une dépense de fantaisie, ou même d'une dépense considé-
» rée aujourd'hui comme étant d'utilité publique et dont il serait
» en notre pouvoir de prononcer l'ajournement, mais il s'agit au-
» jourd'hui d'une dépense que nous ne pouvons pas ajourner, et
» que nous sommes forcés de faire. C'est une calamité publique,
» qui est venue frapper toute la Ville que nous sommes forcés de
» subir et dont nous ne pouvons que chercher à diminuer les consé-
» quences funestes; nous n'y parviendrions pas si nous engagions
» brusquement tous les revenus de la Ville pour amortir notre dette
» en peu de temps. Tandis que ceux qui viendront après nous,
» sachant que les intérêts particuliers doivent passer après l'intérêt
» général, surtout dans les calamités publiques, nous sauront gré
» au contraire de nous être réservé quelques ressources pour tra-
» vailler dès à présent à améliorer la situation de notre cité, dont
» la plupart des services se trouvaient déjà fort en souffrance
» avant la guerre.

» M. le rapporteur dit qu'il résulte d'un travail précédemment
» fait sur les droits d'octroi et dont la Commission municipale a

» déjà pris connaissance, qu'on pourrait augmenter les revenus de
» la Ville de 162,000 fr. environ en appliquant le maximum du
» tarif à tous les objets payant entrée. En se bornant à une aug-
» mentation de 70,000 fr. dont on n'affecterait que 40,000 fr. à
» l'emprunt, il ne resterait plus à trouver que 57,574 fr. pour en
» parfaire l'annuité. Et si on remarque que chaque centime addi-
» tionnel donne à Saint-Germain une augmentation de revenu,
» de 2,100 fr. on trouve qu'il suffirait d'augmenter les contributions
» de 28 centimes environ pour trouver le chiffre demandé. — Ce
» qui donnerait une augmentation de 14 p. 0/0 environ sur les
» contributions payées par les habitants.

» Après discussion, et examen des chiffres et des raisonne-
» ments présentés par la Sous-Commission des finances, la Com-
» mission municipale décide à l'unanimité:

» 1° Qu'il sera fait un emprunt de 1,500,000 fr., remboursable
» en trente ans, et destiné à subvenir à toutes les dépenses de
» l'occupation prussienne et au remboursement des avances faites
» par les habitants;

» 2° Que cet emprunt sera divisé en 15,000 obligations de
» 100 fr. chacune;

» 3° Que l'intérêt de l'argent sera compté à raison de 5 p. 0/0.

» 4° Que les intérêts seront payés chaque année en deux termes :
» au 1er janvier et au 1er juillet, et qu'à cette dernière époque, il
» sera tiré au sort un certain nombre d'obligations, qui seront
» immédiatement remboursées au prix d'émission.

» Ainsi que cela résulte, d'ailleurs, du tableau calculé par la
» Sous-Commission des finances et qu'elle a joint à son rapport,
» elle décide, en outre, que toutes les avances inférieures à
» 100 francs faites par les habitants à la Ville, leur seront rem-
» boursées dès l'ouverture de l'emprunt.

» De plus la Commission municipale, voulant se rendre exacte-
» ment compte des augmentations qu'on peut faire subir au tarif
» de l'octroi, sans cependant augmenter le prix des objets de né-
» cessité absolue, charge une Commission composée de MM. Delar-
» bre, Rapin et Choret, de lui présenter un rapport à ce sujet. »

C'est le 5 novembre que nous avons été privés du concours de M. Évrard de Saint-Jean, empêché par son âge et sa santé de prendre désormais une part active aux travaux de la Commission municipale.

Lorsque l'autorité française reprit la direction des affaires du département, la Commission municipale délégua son bureau vers le Préfet français pour lui exposer la situation dans laquelle s'était trouvée la ville de Saint-Germain pendant la guerre. Le Préfet approuva l'ensemble de nos actes, et nous engagea à constituer une administration municipale suivant les formes ordinaires, au moyen d'un maire et de deux adjoints. C'est alors que la Commission municipale fit choix de M. Moisson pour maire, et de MM. Rapin et Coste pour premier et deuxième adjoints. Ce choix fut immédiatement ratifié par un arrêté préfectoral.

Notre tâche est finie. Nous avons rendu compte de nos actes pendant toute la durée de la crise que nous avons subie.

Si, malgré la différence des opinions, les membres de la Commission municipale sont restés constamment unis entre eux, c'est que toutes leurs pensées étaient dominées par la volonté de ne faire que ce qu'ils croyaient favorable aux intérêts qui leur étaient confiés. Malgré les erreurs qu'on pourrait lui reprocher, la Commission municipale a la conscience d'avoir rempli son devoir. Elle a conquis le droit de dédaigner les paroles outrageantes prononcées à la tribune de l'Assemblée nationale contre l'ensemble des Commissions municipales, sans qu'on ait pris la peine, à dessein peut-être, de préciser les personnes contre lesquelles de pareilles accusations pouvaient être formulées (1).

La Commission municipale remercie les citoyens impartiaux des

---

(1) Voir la discussion de la loi électorale à l'Assemblée nationale.

témoignages de sympathie bienveillante qu'ils lui ont donnés. C'est sa récompense la plus précieuse ; elle n'en demande, elle n'en attend pas d'autre.

Pour la Commission municipale,

LE COMITÉ DE RÉDACTION.

NOTE.

Page 16.

Par suite de l'organisation de maisons communes, les Membres de la Commission municipale ayant réalisé une économie sur la nourriture et le logement des soldats prussiens, ont décidés qu'ils ne recevraient lors du remboursement que le montant des sommes dépensées.

Imp. L. Toinon et Cie, à St-Germain.

www.ingramcontent.com/pod-product-compliance
Lightning Source LLC
Chambersburg PA
CBHW061011050426
42453CB00009B/1382